BEI GRIN MACHT SICH IHR WISSEN BEZAHLT

AF138359

- Wir veröffentlichen Ihre Hausarbeit, Bachelor- und Masterarbeit

- Ihr eigenes eBook und Buch - weltweit in allen wichtigen Shops

- Verdienen Sie an jedem Verkauf

Jetzt bei www.GRIN.com hochladen und kostenlos publizieren

Eine Evaluation des Bitcoin-Signaturverfahrens. Vergleich von ECDSA mit anderen Verfahren

Abdullah Zadran

Bibliografische Information der Deutschen Nationalbibliothek:

Die Deutsche Nationalbibliothek verzeichnet diese Publikation in der Deutschen Nationalbibliografie; detaillierte bibliografische Daten sind im Internet über http://dnb.d-nb.de abrufbar.

ISBN: 9783346917867
Dieses Buch ist auch als E-Book erhältlich.

Zusammenfassung

Die Arbeit befasst sich mit der Fragestellung, wie das zu der Veröffentlichung von Bitcoin genutzte Signaturverfahren *Elliptic Curve Digital Signature Algorithm* (kurz: ECDSA) zu bewerten ist, wenn man es mit alternativen Signaturverfahren vergleicht. Die Methodik dabei beläuft sich darauf, die möglichen Vorteile und Nachteile jedes Verfahrens und deren direkte Auswirkungen auf das Bitcoin-Netzwerk herauszuarbeiten und gegenüberzustellen. Anfangs wird auf grundlegende Kenntnisse eingegangen, welche zum genauen Verständnis der Evaluation nötig sind. Nachdem Begriffe wie Bitcoin und Kryptowährungen in einem für den Rahmen der Arbeit genügenden Maße definiert wurden, folgt die Erklärung von Signaturen, inwiefern diese im Bezug auf Kryptowährungen überhaupt relevant sind und aus welchen Gründen der Vergleich in dieser Arbeit ausgewählte Verfahren in den Vordergrund stellt. Aufgrund der Eigenschaft von ECDSA, elliptische Kurven zu verwenden, wird auch auf das Wesen dieser Kurven und den Sinn hinter deren Verwendung eingegangen. Die Evaluation beginnt mit einer Darstellung der grundsätzlichen Vorteile bei der Verwendung von elliptischer Kurven-Kryptografie, abseits davon welches Verfahren genutzt werden würde. Sodann wird auf das *RSA*-Kryptosystem eingegangen, welches zwar als Verschlüsselungsverfahren bekannt ist aber auch das Signieren ermöglicht. Dabei erschließt sich, wegen welchen Beschaffenheiten sich dieses Verfahren kaum als eine Alternative zu ECDSA eignen würde und welchen Problemen das Netzwerk sonst ausgesetzt wäre. Nicht anders verhält es sich beim *Elgamal*-Signaturverfahren, welches sich ebenfalls als ein kaum ernstzunehmender Konkurrent für ECDSA erweist. Im Gegensatz zu diesen zwei Verfahren ergeben sich bei *Schnorr-Signaturen* andere Erkenntnisse. Nachdem die speziellen Eigenschaften dieser Signaturen erläutert wurden, stellen man fest, dass sie aufbauend auf diesen Eigenschaften nicht nur eine Reihe von nützlichen Verbesserungen für das Bitcoin-Protokoll liefern, sie bieten auch die bereits von ECDSA gelieferten Vorzüge und können zusätzlich in Kombination mit elliptischen Kurven zur Anwendung gebracht werden. Um die vermeintliche Einfachheit von Schnorr-Signaturen zu überprüfen und sie praktisch zu demonstrieren, werden diese einerseits an einem simplen Signatur-Prozess und andererseits im Kontext eines Transaktionsnetzwerkes implementiert, welches die grundlegenden Nutzer-Operationen ermöglichen soll, die mit Kryptowährungen einhergehen. Nebenher werden Auffälligkeiten bei der Implementierung dargestellt. Aus den erarbeiteten Ergebnissen wird schlussfolgernd ein Fazit gezogen und festgestellt, dass ECDSA-Signaturen zum damaligen Zeitpunkt wohl durchaus die passendste Wahl gewesen sind, jedoch im Laufe der Zeit ECDSA nicht mithalten kann und die Entscheidung zu Schnorr-Signaturen als besserer Weg erscheint - besonders unter Betrachtung der Risiken und drohenden Schäden bei einem ungünstig ausgewählten Signaturverfahren.

Inhaltsverzeichnis

Abbildungsverzeichnis

Tabellenverzeichnis

Kapitel 1

Einleitung

1.1 Thema der Arbeit

Die Schlagwörter Bitcoin und Kryptowährungen scheinen heutzutage an kaum einem vorbeizugehen. Doch abseits von Berichterstattungen über steigende und fallende Kurse oder Ratgebern zu Investitionsrisiken richtet sich das Augenmerk dieser Arbeit auf einen Bereich, der wahrscheinlich nicht die gleiche Aufmerksamkeit wie Nachrichten über Kursschwankungen genießt: Das Signaturverfahren, ein essentieller Bestandteil von Kryptowährungen.

Die Arbeit verfolgt das konkrete Ziel, festzustellen, welche Nachteile und Vorteile sich in einem Vergleich zwischen dem Signaturverfahren, das bei der Veröffentlichung von Bitcoin eingesetzt wurde, und einigen anderen ausgewählten Verfahren erkenntlich machen. Verglichen werden dabei eine Reihe von Aspekten wie Sicherheit, Effizienz oder auch Einfachheit des Verfahrens.

1.2 Erläuterungen

1.2.1 Was ist Bitcoin und was sind Kryptowährungen?

Von mittlerweile Tausenden existierenden Kryptowährungen ist Bitcoin die bekannteste und nach Marktkapitalisierung größte überhaupt. Unter dem Pseudonym *Satoshi Nakamoto* wurde das Konzept 2008 veröffentlicht und im Jahr darauf der Start des Bitcoin-Netzwerks in die Wege geleitet. Nutzern soll es ermöglicht werden Transaktionen untereinander abzuwickeln, ohne dass dabei eine zentrale Autorität, wie eine Bank z.B., dazwischen steht und diese verwaltet [17, Seite 1]. Ohne eine zentrale vertrauliche Autorität stellt sich natürlich die Frage vom wem und wo die Kontostände und Transaktionen gespeichert werden. Bitcoin liefert die Antwort mit einer öffentlich einsehbaren Buchhaltung, das heißt jeder weiß welcher Adresse

(Kontonummer) wie viel zugeschrieben steht. Dadurch wird festgehalten, wenn jemand einen Wert erhält und keiner kann mehr ausgeben als er besitzt. Das Problem, das dadurch gelöst wurde, nennt sich auch *double-spend Problem* [2, Seite 2], bei welchem es eben darum geht, zu verhindern, dass eine Person mehr verschickt als sie überhaupt im Besitz hat. Der Versuch, ein und denselben Bitcoin zweifach zu versenden, darf keinen Erfolg haben. Übrig bleibt nur noch die Frage, wie genau Transaktionen nun vonstattengehen und wie man sicherstellt, dass eine Transaktion vom Besitzer des Kontos autorisiert wurde. An genau diesem Punkt kommt das Signaturverfahren ins Spiel, welches später näher betrachtet wird. Die Konten werden im Kontext von Bitcoin übrigens *Wallet* und das Prinzip der öffentlichen Buchhaltung *Blockchain* genannt.

Es gibt eine Reihe von Merkmalen, anhand denen man Kryptowährungen definieren kann und eine Vielseitigkeit an Perspektiven aus deren Blickwinkel man den Nutzen und die Ziele einer Kryptowährung beschreiben könnte [14, Seite 2]. Im Rahmen dieser Arbeit ist es jedoch ausreichend auf die Grundzüge einzugehen, sodass man genug Verständnis für die Thematik der Arbeit erhält und gängige grundlegende Fragen nicht unbeantwortet bleiben.

Als erstes sei festzustellen, dass Kryptowährungen keinen intrinsischen Wert besitzen. Vielmehr liegt der Wert alleine im Vertrauen der Nutzer. Schwindet dieser insofern, dass sie von keinem mehr gebraucht oder nachgefragt wird, so hat die Währung praktisch auch keinen Wert mehr.

Weiterhin sind die meisten Kryptowährungen dezentral, das heißt, sie kommen, wie vorher erwähnt, ohne eine zentrale Autorität aus. Statt einer einzelnen Firma wird das Programm von vielen von einander unabhängigen Menschen betrieben [14, Seite 3]. Das System entzieht sich dadurch der Gefahr von zentraler Einflussnahme oder gar Abschaltung, was übrigens zu den Hauptargumenten zählt, die von Befürwortern aufgeführt werden. Außerdem beinhalten sie natürlichen dem Namen entsprechend einen kryptographischen Aspekt, der sich z.B. in Form des Signierens und Verifizierens äußert.

Die meisten Kryptowährungen sind als Open-Source-Software verfügbar und können auch von der Gemeinschaft mitgestaltet werden. Speziell im Falle von Bitcoin sollte erwähnt werden, dass jegliche Änderungen oder Verbesserungen am System von allen Betreibern der Blockchain akzeptiert werden müssen, indem sie auf die geänderte Software wechseln. Dabei gibt es Aspekte des Bitcoin-Codes, die im Prinzip unveränderlich sind. Bestimmte Probleme lassen sich jedoch ansprechen und beheben. Dies geht durch die *Bitcoin-Improvement-Proposals* (kurz: BIP) vonstatten.

Letztlich und offensichtlich müssen Kryptowährungen ihren Nutzern ermöglichen, "Konten" zu eröffnen, darauf Wert zu erhalten, diesen einzusehen und ihn versenden zu können.

Ohne diese Möglichkeiten könnte man ansonsten kaum von einer Währung sprechen, wie wir sie im alltäglichen Leben benutzen und brauchen.

1.2.2 Was ist ein Signaturverfahren?

Bei digitalen Signaturverfahren handelt es sich um asymmetrische Kryptosysteme. Im Gegensatz zu symmetrischen Verfahren mit einem Schlüssel gibt es hier zwei Schlüssel: Einen *Public Key* und einen *Private Key* (oder auch *Secret Key*). Im Bezug auf simple Verschlüsselung wird der Public Key von der Öffentlichkeit benutzt, um Daten zu verschlüsseln, und der Private Key von der einzelnen Person, um die von der Öffentlichkeit an ihn gesendeten Daten entschlüsseln zu können. Dabei ist es immens wichtig, dass sich aus dem Public Key der Secret Key nicht auf einfache Art berechnen lassen darf, denn das würde offensichtlich das komplette System gefährden [6, Seite 9-10]. Und wenn es um digitale Signaturen geht, so wird der Private Key zum Signieren und der Public Key zum Verifizieren der Nachricht verwendet [6, Seite 9].

Tatsächlich geht es bei Signaturen aber nicht um die Nachricht selbst, sondern um den Hashwert, der aus den Originaldaten generiert wird. Beim Hashwert handelt es sich veranschaulicht gesagt um einen String aus Zahlen oder Zahlen und Buchstaben, welcher praktisch nur aus dem jeweils zugehörigen Text generierbar sein sollte. Es kann zwar sein, dass man einen weiteren Text findet, der den gleichen Hashwert erzeugt, jedoch ist es extrem unwahrscheinlich, dass dieser Text einen Sinn haben würde. Bei kryptologischen Hashfunktionen wie *Secure Hash Algorithm* (kurz: SHA) - in einer aktuellen Variante als SHA-256 z.B. weit verbreitet - soll diese Wahrscheinlichkeit so klein wie möglich gehalten werden. Hierbei ist die Rede von *Kollisionssicherheit*. Für die Erzeugung eines Hashwerts können verschiedene Hash-Algorithmen zum Einsatz kommen. Der Hashwert wird sodann mit dem Secret Key verschlüsselt und wenn er sich dann mit dem Public Key erfolgreich entschlüsseln lässt und mit den gesendeten Originaldaten übereinstimmt - also der entschlüsselte Hashwert dem Hashwert der Transaktionsnachricht entspricht - so hat man die Authentizität der Nachricht festgestellt. Man weiß nun, dass diese mit Sicherheit vom Absender ist, denn eben nur dieser besitzt den Secret Key. Dabei gibt es je nach Verfahren Unterschiede bei der Signatur und Verifikation, so fließen bei einigen die Signatur, der öffentliche Schlüssel und der Hashwert der Nachricht in die Berechnungen der Verifikation ein, bei anderen hingegen nur der öffentliche Schlüssel und die Signatur.

Inwiefern spielt dies nun eine Rolle bei Kryptowährungen? Der entscheidende Aspekt ist hier die Authentifizierung von Transaktionen. Es muss sichergestellt werden, dass eine Person tatsächlich einen Wert überweisen möchte. Dafür hat die Öffentlichkeit - in diesem Falle die Betreiber der Blockchain - Einsicht auf alle Public Keys der Benutzer. Wenn ein Benutzer nun

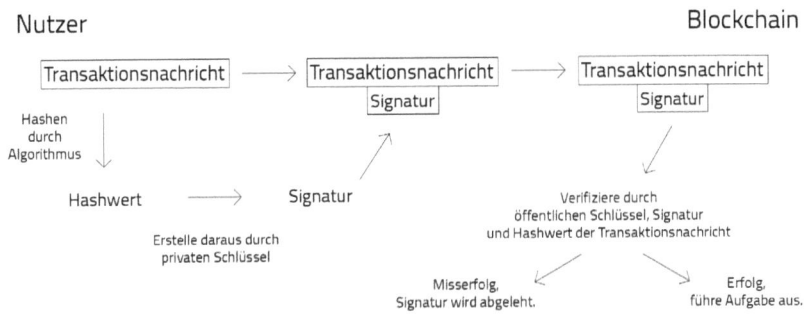

Abbildung 1.1: Schaubild zum Verfahren.

eine Transaktion tätigen möchte, so wird dabei eben auch eine Signatur mitgeschickt, also der mit dem Private Key verschlüsselte Hashwert der Transaktion, und die Blockchain kann dann mithilfe des Public Keys überprüfen, ob diese Transaktion tatsächlich von jenem Benutzer getätigt wurde [17, Seite 2].

Beispiel

Um das Konzept besser zu verstehen, kann ein Beispiel betrachtet werden. Arnold möchte einen ganzen Bitcoin von seinem Konto an Bernd überweisen. Die Blockchain weiß bereits, dass Arnold einen Bitcoin besitzt und muss zur Bewerkstelligung dieser Aufgabe einen Bitcoin von Arnolds Konto abbuchen und einen bei Bernd gutschreiben. Dies wird durch eine Transaktionsnachricht mitgeteilt, welche erst durch den geheimen Schlüssel signiert und dann versendet wird. Theoretisch könnte aber jeder so eine Nachricht versenden und behaupten sie sei von Arnold. Da das System Arnolds öffentlichen Schlüssel kennt, prüft es nun, ob die mit der Transaktionsnachricht gesendete Signatur authentisch ist. Sofern das stimmt, erfolgt die Buchung. In Abbildung 1.1 ist das Prinzip veranschaulicht.

1.2.3 Relevante Signaturverfahren

Es gibt eine Reihe von bekannten und für diese Arbeit relevanten Signaturverfahren: RSA, Digital Signature Algorithm, Schnorr-Signaturen, das Elgamal-Signaturverfahren und Elliptic Curve Digital Signature Algorithm. Dabei basiert Letzteres auf dem diskreten Logarithmus in elliptischen Kurven im Gegensatz zu den vorherigen Signaturverfahren, bei denen man auf den diskreten Logarithmus in endlichen Körpern oder im Falle von RSA auf die Primfaktorzerlegung setzt, allesamt Probleme, die im Folgenden noch erklärt werden.

Es sei dabei anzumerken, dass im Rahmen der Arbeit stellvertretend für die Primfaktorzerlegung das RSA-Verfahren und stellvertretend für den diskreten Logarithmus das Elgamal-Signaturverfahren bzw. DSA zum Vergleich herangezogen wird. Diese werden in ihrer ursprünglichen Konzipierung ohne spezielle Modifikationen betrachtet, denn ansonsten müsste man eine Reihe von Signaturverfahren hinzuziehen, welche auf den Grundideen dieser Verfahren beruhen aber modifiziert und ausgebaut unter neuem Namen als eigene Verfahren veröffentlicht wurden. Allgemein sind die aufgezählten Verfahren auch nicht die Einzigen, es existieren Dutzende, wo bei vielen auch kaum festzustellen ist, inwiefern sie überhaupt in Anwendung treten. Neben dem diskreten Logarithmus und der Primfaktorzerlegung gibt es auch Verfahren, die auf dem Rucksack-Problem[1] oder auf Problemen im Zusammenhang mit Gittern beruhen. Eine Heranziehung aller auf diesen Problemen beruhenden Verfahren und deren Varianten würde den Rahmen dieser Arbeit weit überschreiten. Die oben genannten Verfahren hingegen werden teilweise auch in den Vorlesungsinhalten der Kryptokomplexität angesprochen, weshalb diese im Fokus stehen.

Die Idee hinter der Verwendung von elliptischen Kurven

Die grundlegende Erschwernis für Angreifer bei asymmetrischen Kryptosystemen liegt darin, dass es einfach ist, aus den geheimen Variablen - wie der private Schlüssel oder zusätzlich bei RSA z.B. die Primfaktoren - den öffentlichen Schlüssel zu berechnen, jedoch die Herleitung dieser geheimen Variablen aus dem öffentlichen Schlüssel kaum möglich ist. Das spiegelt sich z.B. in der Primfaktorzerlegung wieder - es ist sehr einfach aus der Multiplikation von zwei Primzahlen eine neue Zahl zu ermitteln. Wenn man aber nur diese Zahl vor sich hat, so ist es andersrum aufgrund der viel zu großen Anzahl an möglichen Kombinationen von Primfaktoren schlicht ein viel zu aufwendiges Verfangen, als dass man diese zwei Faktoren ermitteln könnte. Die Primfaktorzerlegung ist ein anschauliches Beispiel, jedoch nicht das einzige. Das Problem des diskreten Logarithmus auf zyklischen Gruppen teilt nämlich ebenfalls diese Schwierigkeit. Die Idee hinter diesen Konzepten wird auch unter dem Namen *Einwegfunktion* zusammengefasst.

Als nächstes sei zu klären, was elliptische Kurven sind und inwiefern sie für das vorher erklärte Problem des diskreten Logarithmus von Relevanz sind. In Abbildung 1.2 ist am Beispiel der Kurve $y^2 = x^3 + \frac{1}{4}x + \frac{5}{4}$ die Form solcher Kurven veranschaulicht. Dabei fällt ein grundsätzliches Merkmal sofort auf - sie spiegelt sich an der Y-Achse. Dies ermöglicht zwei

---

[1] Für weitere Informationen siehe [21, Seite 459].

Operationen auf der Kurve, nämlich das Addieren und das Multiplizieren, wobei Letzteres in Form der Verdopplung wichtig ist. Vereinfacht gesagt, wird beim Addieren eine Linie durch die zwei zu addierenden Punkte gezogen, sodass die Spiegelung des dritten entstehenden Punktes auf der Linie die Summe ergibt. Da es beim Verdoppeln keinen zweiten Punkt gibt, wird stattdessen eine Tangente gezogen und der entstehende zweite Punkt gespiegelt. Wenn man nun eine Linie durch G und $2G$ ziehen und den neu entstandenen Punkt H' ebenfalls spiegeln würde, so hätte man G verdreifacht. Und genau hierin liegt der Nutzen: Zwar lässt sich die Operation relativ einfach beliebig oft wiederholen, jedoch ist es umgekehrt kaum möglich, die Anzahl an Multiplikationen zu erschließen. Es sei z.B. gegeben, dass ein bestimmter Punkt ein Vielfaches von G ist, also $a \cdot G = P$. Trotz dieser Information wäre es extrem schwierig sich daraus den Faktor a herzuleiten. Somit kann dieser als private Variable dienen, während P bekannt ist und als öffentlicher Schlüssel benutzt werden kann. Die Analogie zu dem oben erklärten Problemen des diskreten Logarithmus und der Primfaktorzerlegung wird deutlich. Wichtig ist es hierbei zu erwähnen, dass der Kurve eine Grenze gesetzt wird, weil sie ansonsten ins Unendliche laufen würde. Stattdessen fangen die Linien ab dieser Grenze sozusagen wieder "von links" an und die Operationen bleiben innerhalb des begrenzten Bereiches [10]. Daher ist auch die Rede vom Problem des diskreten Logarithmus auf elliptischen Kurven über endlichen Körpern. Die Größe der Begrenzung ist zu vergleichen mit der Modulgröße bei RSA (welche im Folgenden noch erklärt wird) - zwar könnte es bei einer im Bezug auf die Begrenzung extrem kleinen Kurve nach einigen Versuchen möglich sein, die private Variable zu finden, doch je größer die Kurve, desto schwieriger.

Elliptische Kurven können also als zyklische Gruppen verstanden werden - sogenannte *Elliptic Curve Groups* - auf welchen ebenfalls das Problem des diskreten Logarithmus ablaufen kann. Die Idee ist nun, die zu verschlüsselnde Nachricht, den öffentlichen Schlüssel und den privaten Schlüssel im Spektrum der Kurve als Punkte und Faktoren darzustellen und mit diesen die Berechnungen durchzuführen [13, Seite 11-14].

1.2.4 Das Signaturverfahren von Bitcoin

Bitcoin benutzt das oben genannte Elliptic Curve DSA Signaturverfahren (kurz: ECDSA). Dabei handelt es sich um eine auf elliptische Kurven basierende Erweiterung vom Digital Signature Algorithm (kurz: DSA) [7]. Die Parameter der elliptischen Kurve, genannt Secp256k1, auf der die Operationen stattfinden, wurden aus dem Dokument *Standards for Efficient Cryptography* entnommen.[2] Die Gründe zur Entscheidung für dieses Verfahren werden im Evalua-

---

[2]Siehe dazu www.secg.org/sec2-v2.pdf. Zuletzt aufgerufen am 12.06.2022.

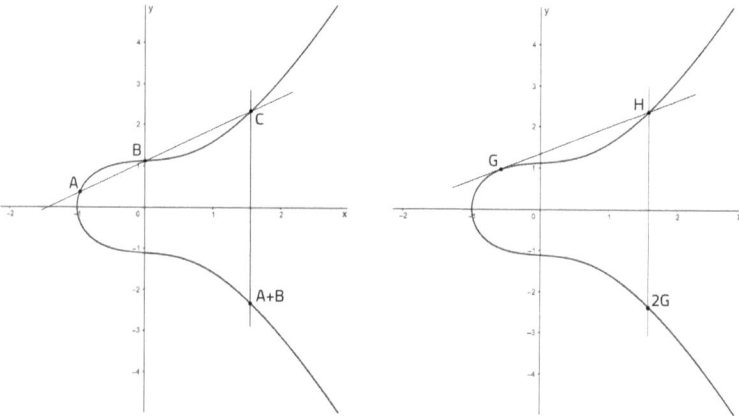

Abbildung 1.2: Schaubild zur Punktaddition und Punktmultiplikation.

Algorithmus 1 : ECDSA-Pseudocode zum Generieren der Schlüssel. Basierend auf [13, Seite 180].

1: **Input:** Basispunkt G und dessen Ordnung n
2: Wähle zufällige Zahl d aus dem Bereich $[1, n-1]$
3: Berechne $Q = d \cdot P$
4: **Output:** Öffentlicher Schlüssel Q und privater Schlüssel d

tionsabschnitt ersichtlich.

Im Algorithmus von ECDSA, veranschaulicht im Pseudocode 1, sind die vorher erwähnten Eigenheiten bei der Benutzung von elliptischen Kurven zu erkennen. Gegeben ist z.B. ein geheimer Schlüssel d, der multipliziert mit einem Basispunkt G den öffentlichen Schlüssel P bildet. Der Basispunkt und dessen Ordnung werden neben anderen Parametern dabei vorher mit bestimmten Bedingungen berechnet, zum näheren Verständnis in [13, Seite 172] erläutert.

Kapitel 2

Evaluation

2.1 Vergleich von ECDSA mit anderen Verfahren

Grundsätzlich lassen sich einige Vorteile bei der Verwendung von elliptischen Kurven erkennen. Der deutlichste dabei wäre die Schlüssellänge. Im Vergleich mit anderen herkömmlichen Kryptosystemen, die nicht auf elliptischen Kurven operieren, lässt sich erkennen wie trotz gleicher Sicherheit viel kleinere Schlüssel ausreichen. Mit gleicher Sicherheit sei hier gemeint, dass sich die zu vergleichenden Verfahren mit ungefähr gleichem Arbeitsaufwand brechen lassen würden [3, Seite 53].

Im Vergleich von ECDSA zu DSA, ECDH zu DH[1], oder ECDSA und ECDH zu RSA wird der Unterschied in den benötigten Schlüssellängen beispielhaft ersichtlich, wie man anhand Tabelle 2.1 erkennt. Es zeigt sich, welche Sicherheit Elliptische-Kurven-Kryptographie wie bei ECDH oder ECDSA im Vergleich zu Kryptosystemen bietet, die wie RSA auf Primfaktorzerlegung basieren oder wie DSA und DH nur auf endlichen Körpern operieren. Bei einem Sicherheitslevel von 128 Bit, was bedeutet, dass die Sicherheit vergleichbar ist zu der eines symmetrischen Verfahrens mit 128-Bit Schlüssellänge, benötigt RSA schon knapp das Zehnfache der Schlüssellänge, die bei Elliptischer-Kurven Kryptographie ausreichen würde. Diese Erkenntnis ist deshalb wichtig, weil kleinere Schlüssellängen sich vorteilhaft auf Speichernutzung und Schnelligkeit auswirken können.

Seitenkanalangriffe sind eine allgemeine Gefahr für Kryptosysteme und daher auch für solche, die elliptische Kurven verwenden [7, Seite 72]. Dabei handelt es sich um Angriffe, die Erkenntnisse aus der Beobachtung von physischen Gegebenheiten des Computers zu gewinnen versuchen. Wenn im Code die richtigen Gegenmaßnahmen getroffen werden, lassen sich solche Erkenntnisse nicht erschließen. Eine Art von Seitenkanalangriffen nennt sich Rechen-

---

[1]Diffie-Hellman-Schlüsselaustausch und die Variante mit elliptischen Kurven. Verfahren, mit denen zwei Parteien einen geheimen Schlüssel vereinbaren können.

Sicherheitslevel	Verfahren über endliche Körper	Verfahren mit Primfaktorzerlegung	Elliptische-Kurven-Kryptographie
80	Ö = 1024, P = 160	1024	160-223
112	Ö = 2048, P = 224	2048	224-255
128	Ö = 3072, P = 256	3072	256-383
192	Ö = 7680, P = 384	7680	384-511
256	Ö = 15360, P = 512	15360	512+

Tabelle 2.1: Sicherheitslevel (in Bits) der jeweiligen Verfahren für bestimmte Schlüssellängen. Ö steht dabei für den öffentlichen und P für den privaten Schlüssel. Bei der Primfaktorzerlegung entspricht die Schlüssellänge der Modulgröße, während bei elliptischen Kurven die Größe der Ordnung des Basispunktes gemeint ist. Tabelle aus [3, Seite 54-55].

zeitangriff. Zeitunterschiede bei der Berechnung der Verfahren werden sich hierbei zu Nutze gemacht, um den privaten Schlüssel zu bestimmen [7, Seite 72-73].

Im Bezug auf ECDSA ist dies insofern wichtig zu erwähnen, da eine fehlerhafte Implementation genau diese Rechenzeitangriffe ermöglicht und dies sogar demonstriert wurde [9]. Jedoch sind solche Schwachstellen vermeidbar, wenn sich an Vorgaben gehalten wird. Dazu gehört z.B. im Falle von ECDSA die geheime Variable k für jede Nachricht neu und randomisiert zu generieren. Nichteinhaltung der Vorgaben kann zur kompletten Kompromittierung des Systems führen, wohingegen bei einem korrekten Programmcode Rechenzeitangriffe kaum erfolgreich anzuwenden sind [13, Seite 250]. Sorgfalt ist also bei der Auswahl von Parametern geboten.

Aus den vorangegangen Tatsachen lässt sich auch schließen, warum man lieber auf diese Variante mit elliptischen Kurven zurückgegriffen hat, anstatt auf das ursprüngliche Verfahren DSA, auf welches später bei der Betrachtung von Elgamal eingegangen wird. Die beiden teilen sich nämlich beim Generieren der Schlüssel die selbe Vorgehensweise - wie man im Pseudocode 3 erkennt - unterscheiden sich jedoch im Signieren und Verifizieren.

2.1.1 RSA

Funktionsweise

Die Sicherheit von RSA beruht auf dem Problem der Primfaktorzerlegung. Die grundlegende Vorgehensweise zum Berechnen der Schlüssel ist im Algorithmus 2 veranschaulicht. Eine geeignete Auswahl von p und q ist dabei unerlässlich, denn wie man sieht, bauen die restlichen

---

Algorithmus 2 : RSA-Pseudocode zum Generieren der Schlüssel. Basierend auf [13, Seite 7].

1: **Input:** Sicherheitsparameter l für die Primzahlen
2: Wähle zwei zufällige Primzahlen p und q mit der Bitlänge $\frac{l}{2}$
3: Berechne $n = p \cdot q$ und $o = (p-1) \cdot (q-1)$
4: Wähle e, sodass $1 < e < o$ und $ggT(e, o) = 1$
5: Berechne d, sodass $1 < d < o$ und $e \cdot d \bmod o = 1$
6: **Output:** Öffentlicher Schlüssel (n, e) und privater Schlüssel d

---

Variablen darauf auf. Dazu gehören der Exponent e, das Produkt aus den zwei Primzahlen, genannt Modul n, welche beide zusammen den öffentlichen Schlüssel bilden, und der private Schlüssel d. Will man einen Text m mit dem Public Key (n, e) verschlüsseln, so rechnet man $m^e \bmod n$. Der entstehende Geheimtext c kann durch den Private Key d entschlüsselt werden, indem man $c^d \bmod n$ rechnet. Für die Funktionalität des Kryptosystems reichen die erzeugten Schlüssel aus, daher werden die zwei Primzahlen verworfen.

Bewertung

In unserem Anwendungsfall eignet sich RSA nicht im Bezug auf das Signieren von Nachrichten, was vor allem mit der benötigten Schlüssellänge in Korrelation zur Länge der Nachricht zusammenhängt. Wie vorher erklärt, geben die zwei Primzahlen die Basis für den Algorithmus. Es stellt nun eine enorme Gefahr dar, wenn sich die zwei Primzahlen, aus denen das Modul besteht, herausfinden lassen, denn dann lässt sich ebenfalls der private Schlüssel bestimmen [21, Seite 351] und der Geheimtext kann entschlüsselt werden. Das Problem ist nun, dass sich p und q durch Probedivision einfach herausfinden lassen, wenn n klein genug ist. Man stelle sich vor n sei zehn, dann kämen als Faktoren für n nur die Primzahlen kleiner als zehn in Frage, welche offensichtlich extrem einfach herauszufinden sind. Bei dieser Methode handelt es sich um einen *Brute-Force-Angriff*, welcher einer von vielen Faktorisierungsangriffen ist, bei denen man versucht die Primfaktoren von n zu berechnen. Um solche Brute-Force-Angriffe sicher ausschließen zu können, muss eben das Modul eine gewisse Größe erreichen [21, Seite 386] und schon jetzt gibt es Vorgaben, die eine Modulgröße von 3072 Bits vorschreiben[2]. Der dafür im Bezug auf Speicherung und Berechnung zu leistende Aufwand steht in keinem geeigneten Verhältnis zur Sicherheit, die dabei erbracht wird.

In der Begrenzung von Nachrichtengrößen findet sich ein weiterer Kritikpunkt. Die maximale Nachrichtengröße in Bytes, die sich durch RSA signieren lässt, kann man berechnen, indem man die Bits der Schlüssellänge durch acht teilt. Dieses Begrenzungsproblem hängt

---

[2]Siehe dazu `www.cabforum.org/wp-content/uploads/baseline_requirements_for_the_issuance_and_management_of_code_signing.v2.2.pdf` auf Seite 30.

mit der Länge der Modulgröße zusammen, kann aber gelöst werden, indem man einfach die Nachricht zuerst hasht [6], zu erkennen bei Verfahren wie Full Domain Hash. Auch bei anderen Verfahren würde man auf dieses Problem stoßen, wenn diese nicht mit Hash-Algorithmen arbeiten würden. Jedoch ist das Hashen der Nachricht ein fester Bestandteil von Verfahren, die z.b. mit elliptischen Kurven arbeiten, wie man im Pseudocode zu ECDSA erkennen kann [13, Seite 184], in welchem Falle die Begrenzung der Nachrichtengröße nicht mehr von der Modulgröße, sondern allein vom Hash-Algorithmus abhängt. SHA-256 z.b. ermöglicht es, beliebig große Texte zu hashen [13, Seite 5]. Weiterhin könnte man die Nachricht in Blöcke von erlaubter Größte aufteilen und einzeln signieren, was aber auch die Verifizierung jedes einzelnen Blocks mit sich zieht. Wenn man sich für das RSA-Signaturverfahren in seiner reinen Form entscheidet, so braucht es demnach zur Umgehung des Limits in jedem Falle zusätzliche Implementation von Programmcode.

Außerdem stellen Chosen-Plaintext-Angriffe eine Gefahr für das RSA-Signatur-Verfahren dar [21, Seite 355]. Bei diesen wird mithilfe von verschlüsselten und unverschlüsselten Nachrichten der private Schlüssel ermittelt. Zwar kann man Gegenmaßnahmen treffen, jedoch stellt sich die Frage, inwiefern dies nötig sei, in Anbetracht der Abwesenheit solcher Angriffe auf das ECDSA-Verfahren.

Der hauptsächliche Nachteil von RSA gegenüber ECDSA liegt also in der Relation zur Sicherheit immer größer werdenden Schlüssellänge. Im Zusammenhang mit dem Bitcoin-Protokoll äußert sich das negativ, denn je kleiner die bei Transaktionen zu versendenden Datenmengen, desto weniger wird das Netzwerk belastet. Dieses Problem trägt umso mehr Gewicht, wenn man betrachtet, dass die Speicherung aller stattgefundenen Transaktionen essentiell für Bitcoin ist und jeder Betreiber der Blockchain diese in der Gesamtheit bei sich besitzen muss. Und da das System nicht für eine begrenzte Anzahl an Menschen gedacht ist, sondern theoretisch für die ganze Menschheit funktionieren muss, steht man vor einem nicht zu unterschätzenden Ausmaß an Transaktionen in jeder einzelnen Sekunde. Der Nachteil wirkt sich also sowohl auf Speicherverbrauch als auch auf Effizienz aus.

Um dies in Perspektive zu setzen, werden einige Zahlen aus der Praxis und aus Realbeispielen herangezogen. Die Betrachtung liegt dabei auf der Anzahl an Transaktionen pro Tag und begonnen wird zuerst bei Bitcoin selbst. Die Blockchain verzeichnet hier zum Höchstpunkt Mitte 2019 mehr als 400.000 Transaktionen pro Tag. Markant ist außerdem, dass nach 2015 die 100.000er Marke nie wieder unterschritten wurde und sich auch derzeit[3] konstant über 200.000 hält, vergleiche hierzu die Abbildung 2.1 [4]. Die versendeten Beträge bilden dabei

---

[3]Stand: 24.06.2022.

[4]Graph generiert mit Online-Tool: https://www.blockchain.com/charts/n-transactions. Zuletzt aufgerufen am 24.06.2022.

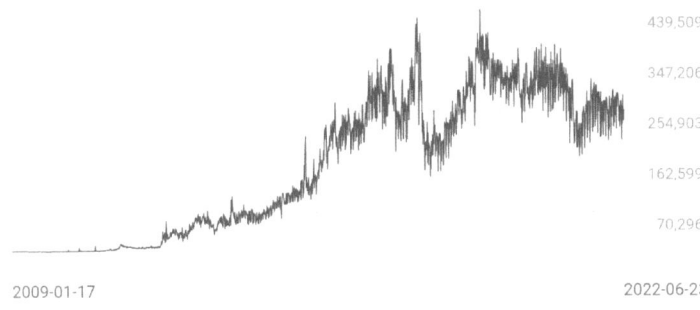

439,509

347,206

254,903

162,599

70,296

2009-01-17   2022-06-23

Abbildung 2.1: Bestätigte Transaktionen pro Tag im Bitcoin-Netzwerk.

keine unbeträchtliche Menge: So wurde am 19. Mai 2021 durch alle Transaktionen zusammen insgesamt mehr als 14 Milliarden US-Dollar versendet. Kumulativ ergeben diese seit 2009 mehr als 740 Millionen Transaktionen. Es wird also deutlich wie sehr es Einfluss auf die Größe der Blockchain haben kann, wenn man den bei Transaktionen versendeten Datenmengen beliebig viel Speicher zuspricht, statt sie so klein wie möglich zu halten. Doch Bitcoin steht bei diesen Zahlen gerade mal auf dem vierten Platz: Ganz vorne steht die Kryptowährung *Stellar*, auch eine dezentrales aber viel schneller operierendes Netzwerk. Hier wurden im April 2022 ca. 7,1 Millionen pro Tag gemeldet[5]. Außerdem lässt sich auch noch die Statistik von PayPal herbeiziehen - einem viel länger aktiven Online-Bezahldienst. Dieser meldete für das ganze Jahr 2019 mehr als 12,3 Milliarden Transaktionen, was wiederum auf 33,86 Millionen Transaktionen pro Tag schließt[6]. PayPal wird zwar nicht von allen Menschen benutzt, um seiner Intention jedoch gerecht zu werden, müsste Bitcoin mindestens diese 33 Millionen auch verwalten können, was aber nicht möglich ist, da die maximale Transaktionsrate begrenzt ist. Berechnet wird sie, indem man die Blockgröße - 1 MB - durch die durchschnittliche Transaktionsgröße teilt, welche zwar variiert aber mindestens 166 Bytes in Anspruch nimmt [23]. Angenommen, die Transaktionen würde optimalerweise diese Größe haben: Da ein Block alle zehn Minuten, also 600 Sekunden, validiert wird, ergeben sich $1.000.000 \div 166 \div 600 \approx 10$ Transaktionen pro Sekunde und somit ein Maximum von 864.000 Transaktionen pro Tag, weit unter den Zahlen, die etablierte Anbieter wie PayPal vorweisen. Dies stellt bereits unabhängig vom

---

[5]Siehe https://www.outlookindia.com/business/stellar-tops-crypto-transactions-by-volumes-bitcoin-fourth-ethereum-third-report-news-190288 Zuletzt aufgerufen am 24.06.2022.

[6]Siehe https://balancingeverything.com/paypal-statistics/. Zuletzt aufgerufen am 24.06.2022.

verwendeten Signaturverfahren einen Nachteil dar und hängt mehr mit der restlichen Implementierung Bitcoins zusammen. Man beachte aber nun, dass eine höhere Transaktionsgröße den Endwert pro Tag direkt verkleinert. Wenn wir, wie bei RSA, tendenziell mehr Datenmengen zu versenden haben und dadurch mit größeren Transaktionsnachrichten konfrontiert sind, sind sogar noch weniger Transaktionen pro Tag zu erwarten. Und dabei ist die Tatsache, dass Transaktionen realistisch gesehen nicht lediglich 166 sondern eher 300 bis 400 Bytes groß sind [2, Seite 110] noch gar nicht berücksichtigt. Zusammenfassend schließt bereits diese Problematik das RSA-Signaturverfahren als ernstzunehmenden Konkurrenten für das von Bitcoin verwendete ECDSA-Verfahren vollständig aus.

Wenn im Bezug auf diese entstehenden Datenmengen ein weiterer Aspekt Bitcoins betrachtet wird, nämlich die Blockgröße, offenbart sich ein zusätzliches Manko. Die abgewickelten Transaktionen werden in sogenannte Blocks aufgeteilt, welche alle mit 1 MB begrenzt sind. Je mehr Größe innerhalb dieses Blocks von einer Transaktion eingenommen wird, desto mehr Gebühren sind vom Sender zu zahlen. Im Endeffekt trifft also der erklärte Nachteil nicht nur die Betreiber, sondern auch die Endnutzer, welche eventuell "nur" Geld versenden wollen aber wegen der ungünstigen Nachrichtengröße in die Kosten kommen. Die Blockgröße selbst ist Gegenstand vieler Diskussionen, wobei auch größere Blocks zur Empfehlung standen. Während beides seine Vor- und Nachteile hat, führten diese Auseinandersetzungen zur Entstehung von neueren Kryptowährungen wie *Bitcoin Cash*, welche auf Bitcoin basieren und wo neben der Blockgröße auch weitere Aspekte verändert wurden. Allein die Tatsache, dass diese Problematik zur Entwicklung einer Kryptowährung geführt hat, unterstreicht nochmal die Wichtigkeit von Effizienz und Schnelligkeit für die Nutzer im Allgemeinen und die Krypto-Szene im Speziellen.

2.1.2 Elgamal-Signaturverfahren

Das von Taher Elgamal im Jahre 1984 veröffentlichte Elgamal-Signaturverfahren sollte nicht verwechselt werden mit dem Elgamal-Verschlüsselungsverfahren, wobei es beim letzteren nicht ums Signieren geht.

Grundlegendes zur Funktionsweise

Neben DSA, ist dieses Signaturverfahren ein weiteres Beispiel für das Problem des diskreten Logarithmus. Nachdem man die mit bestimmten Bedingungen vorgegebenen Parameter generiert hat, rechnet man zur Bestimmung des öffentlichen Schlüssels $y = g^d \bmod p$ [13, Seite 9], wobei der Exponent d der durch Zufall bestimmte private Schlüssel ist. Ähnlich wie bei der Primfaktorzerlegung und dem diskreten Logarithmus auf elliptischen Kurven, besteht auch hier die Schwierigkeit darin, den privaten Schlüssel d anhand y, g und p zu berechnen. Andersrum hingegen ist mit Kenntnis von d die Potenzierung von g einfach.

Bewertung

Es gibt einige Nachteile, auf die man bei der Nutzung dieses Verfahrens stößt. Nicht ohne Grund gab es Bestrebungen zur Entwicklung von verbesserten Varianten, eine davon DSA selbst [13, Seite 6].

Ein markanter Unterschied zu anderen Verfahren wie DSA wird in den Berechnungsschritten beim Signieren deutlich: Nicht nur muss eine Zufallszahl k aus einem bestimmten Bereich ausgewählt werden, wie es auch bei DSA vorgegeben ist, sondern diese Zufallszahl muss auch noch teilerfremd zu einer anderen vorher gegebenen Zahl sein [21, Seite 414]. Der größte gemeinsame Teiler kann über verschiedene Algorithmen wie dem euklidischen Algorithmus oder auch Primfaktorzerlegung berechnet werden und bei jedem gäbe es im schlimmsten Falle unterschiedliche Laufzeiten. Bei allen aber müsste folglich zusätzliche Zeit verbraucht werden, um das Kriterium der Teilerfremdheit zu erfüllen, was insgesamt negative Auswirkungen auf die Schnelligkeit des Programms haben würde.

Ein weiteres Problem ist die Größe der Signaturen und das langsame Berechnen. Elgamal-Signaturen sind zu groß. Das liegt daran, dass eine Signatur aus dem Paar (r, s) besteht, wobei beide Variablen sich innerhalb der multiplikativen Gruppe $\mathbb{Z}_p^*$ befinden, d.h. sie werden *mod* p gerechnet, was eben die Größe der beiden Variablen von der Primzahl p abhängig macht. Bei einer einst empfohlenen Größe von p mit 1024 Bit ergäben diese bei der Signatur somit eine Größe von 2048 Bit, was einem vielfachen der Signaturgrößen anderer Verfahren entspricht [8, Seite 396]. Wird dabei nach den aktuellen Empfehlungen des NIST gegangen [3, Seite 55], um eine Sicherheitsstufe von 128 Bit zu erreichen, ergäbe sich sogar eine Größe von $2 \cdot 3072 = 6144$ Bits. Signaturgrößen mit einem derartigen Speicherverbrauch stellen sich als einen deutlichen Nachteil heraus und ordnen sich ebenfalls zur Reihe der vorher erwähnten Gefahren von großen Datenmengen zu, welche sich negativ auf das Bitcoin-Netzwerk auswir-

---

Algorithmus 3 : Elgamal- und DSA-Pseudocode zum Generieren der Schlüssel. Basierend auf [13, Seite 9].

1: **Input:** Parameter p, q und g
2: Wähle zufällige Zahl d aus dem Bereich $[1, q-1]$
3: Berechne $y = g^d \bmod p$
4: **Output:** Öffentlicher Schlüssel y und privater Schlüssel d

---

ken. Was das langsame Berechnen angeht, so lässt sich feststellen, dass alleine beim Verifizieren einer Signatur drei Potenzen berechnet werden müssen [8, Seite 395]. Als Vergleich dazu kann z.b. RSA herangezogen werden, wo beim Signieren und Verifizieren zusammen insgesamt nur zwei mal potenziert werden muss. Das Berechnen von Potenzen hat einen erheblichen Einfluss auf die Geschwindigkeit und erweist Elgamal keinen Vorteil.

Was beweisbare Sicherheit anbelangt, so gibt es zwar Varianten von Elgamal wie z.b. die Schnorr-Signaturen, bei denen man unter bestimmten Umständen, wie im folgenden Abschnitt erklärt wird, beweisbare Sicherheit vorweisen konnte, jedoch war dies beim ursprünglichen Signaturverfahren nie der Fall.

Zusammenfassend lässt sich sagen, dass sich das Elgamal-Signaturverfahren für unseren Anwendungsfall im Vergleich zu ECDSA kaum eignet. Dies deckt sich mit der Tatsache, dass es heutzutage kaum noch in der Praxis auf Verwendung trifft und eher als Grundlage für viele verschiedene neuere Varianten gedient hatte, welche unter anderem die oben genannten nachteiligen Aspekte korrigiert haben und auf deutlich mehr Zuspruch in der Anwendung gestoßen sind - darunter auch Schnorr-Signaturen.

2.2 Vergleich von ECDSA mit Schnorr-Verfahren

Veröffentlicht über die Jahre 1989 und 1991 von Claus Peter Schnorr, beruht dieses Verfahren ebenfalls auf dem Problem des diskreten Logarithmus. Das Patent zu diesem Verfahren ist im Jahre 2008 abgelaufen - im selben Jahr, in dem das Bitcoin-Netzwerk seinen Anfang fand. Die Auswahl des privaten und die Berechnung des öffentliche Schlüssel ähneln dabei dem Vorgehen bei DSA. Gegeben sei eine eine zyklische Gruppe, die der Größe einer auszuwählenden Primzahl q entspricht und in welcher Berechnungen stattfinden. Zusätzlich gibt es eine Untergruppe, welche die Größe einer Primzahl p besitzt und größer ist als q. Im Bezug auf den öffentlichen Schlüssel entspricht g dem Generator und d dem privaten Schlüssel, eine zufällige Zahl innerhalb der zyklischen Gruppe, veranschaulicht in 4.

So wie die anderen Verfahren, welche auf dem diskreten Logarithmus beruhten, sich auf elliptische Kurven anwenden ließen, lässt sich auch bei Schnorr eine solche Umsetzung gestalten. Dabei rechnet man für den öffentlichen Schlüssel $y = g \cdot d$.

Schnorr-Signaturen liefern neben dem grundsätzlichen Signieren und Verifizieren in vielerlei Hinsicht Möglichkeiten und Wege, die gerade bei einem System wie Bitcoin von Vorteil sind. Darunter *Multisignature, Pay-To-Contract, Sign-To-Contract, Adapture Signatures, Atomic Swap* und weitere nützliche Funktionen, von denen auf einige davon im Folgenden genauer eingegangen wird.

Algorithmus 4 : Schnorr-Pseudocode zum Generieren der Schlüssel. Basierend auf [15, Seite 480].

1: **Input:** Gruppe mit der Größe einer Primzahl p, prime Ordnung (der Gruppe) q und Generator g
2: Wähle zufällige Zahl d aus dem Bereich $[1, q-1]$
3: Berechne $y = g^d \bmod p$
4: **Output:** Öffentlicher Schlüssel y und privater Schlüssel d

---

2.2.1 Besondere Eigenschaften

Multisignature

Wie der Name bereits verrät, handelt es sich bei Multisignature um die Fähigkeit, dass mehrere Nutzer eine Transaktionsnachricht signieren können. Dadurch ermöglicht es theoretisch gemeinsame Überweisungen, bei denen somit alle Wallet-Besitzer oder eine bestimmte Anzahl von ihnen (auch genannt *M-of-N Multisignature*) ihre Einwilligung geben müssen, bevor die Transaktion erfolgreich stattfindet. In Kontexten von Vermögen, auf welches nicht nur eine sondern mehrere Personen Zugriff haben, könnte sich dieser Zusatz als durchaus nützlich erweisen. Zwar kann Bitcoin mittlerweile auch ohne Schnorr-Signaturen Multisignature anbieten, jedoch wurde dies erst im Jahre 2012 als Teil einer Verbesserung auf einem alternativem Wege implementiert, nicht durch das Signaturverfahren selbst. Dabei wird die Möglichkeit des Hinzufügens von Skripten an Transaktionsnachrichten ausgenutzt - sprich man kann Anweisungen anhängen. Diese verbindlichen Anweisungen können z.B. beinhalten, dass die versendeten Bitcoins bei einer darauffolgenden Transaktion von mehreren Personen signiert werden müssen [2, Seite 99]. Da, wie vorher bereits festgestellt, die Größen der Transaktionsnachrichten einen nicht unerheblichen Einfluss auf das System haben, erweist sich hier ein deutlicher Nachteil in der Wahl eines solchen Umweges. Bei Schnorr-Signaturen hingegen verhält es sich anders: Das Multisignature-Feature ist bereits in das Signaturverfahren mit eingebunden. Zum näheren Verständnis wird vorerst geschildert, wie die Signaturen aufgebaut sind. Dabei wird sich beim Aufbau an der von Elichai Turkel vorgestellten Einführung zu Schnorr-Signaturen [16] orientiert.

Neben dem vorher erwähnten privaten Schlüssel wird eine weitere zufällige Zahl k innerhalb der Gruppe ausgewählt und multipliziert mit dem Generator g als $R = g^k$ festgelegt. Außerdem legt man den Hash der Nachricht $H(m)$ als Variable e fest. Berechnet wird dann:

$$ s \;=\; k + e \cdot d $$

Daraus lässt sich dann zusammmen mit R die Signatur (s, R) bilden. Entscheidend ist hierbei die

Berechnung von s, welche im Unterschied zu anderen Verfahren linear abläuft. Deutlich wird dieser Unterschied bei einem Vergleich mit der Berechnung von s bei Elgamal:

$$s = \frac{e - R \cdot d}{k}$$

Ähnlich verhält es sich bei ECDSA. Die Linearität besteht darin, dass auf der rechten Seite nicht zusätzlich noch durch k geteilt wird. Gerade diese Division erschwert es, Operationen wie Addition mit den entstehenden Signaturen durchzuführen, da die im Nenner befindliche Zufallszahl k für jede Signatur anders sein kann, wohingegen bei Schnorr das Addieren von Signaturen ermöglicht wird. Genau diese Addition erweist sich bei Multisignature als vorteilhaft [16]. Man nehme an, es seien nun zwei statt nur einem s. Für beide hat man natürlich unterschiedliche k-Werte und private Schlüssel. Die Addition würde wie folgt aussehen:

$$s_1 + s_2 = (k_1 + e \cdot d_1) + (k_2 + e \cdot d_2)$$

Nach einem Zusammenfassen von k und Ausklammern von e ergäbe sich:

$$s_1 + s_2 = (k_1 + k_2) + e \cdot (d_1 + d_2)$$

Schlussendlich können die unterschiedlichen Werte von s und k als einzelne Variablen aufgefasst werden:

$$s_1 + s_2 = k' + e \cdot d' = s'$$

Wonach ein gültiges s' berechnet wurde, welches im Paar (s', R) genutzt werden kann und demnach mehrere Signaturen in einer verbunden wurden [16]. Diese Prozedur lässt sich analog auch für öffentliche Schlüssel durchführen, wobei man mehrere zu einem *aggregiert* und die Nutzer demnach gemeinsam Transaktionen signieren können. Während man vorher $y = g^d$ gerechnet hat, kann man nun die geheimen Schlüssel einfach zusammen addieren:

$$y = g^{d_1 + d_2}$$

Natürlich lässt sich dies auch auf elliptischen Kurven verwirklichen, wo dementsprechend für den öffentlichen Schlüssel berechnet werden würde:

$$y = g \cdot (d_1 + d_2)$$

So wurde die vorher beschriebene Fähigkeit von Multisignature eröffnet und die Verwendung von Skripten obsolet. Dabei wird nicht nur an Effizienz gewonnen, sondern auch an Privatsphäre. Denn im Gegensatz zu Schnorr, wo die entstehende Signatur von gewöhnlichen nicht zu unterscheiden ist, verraten bei der herkömmlichen Methode Codes innerhalb der verwendeten Skripts die Tatsache, dass es sich um Multisignaturen handelt [24].

Doch außer der Privatsphäre lassen sich noch eine Reihe weiterer Vorzüge erkennen, die die Sicherheit der Nutzer stärken würden. Dabei wurden die in den folgenden Paragraphen beschriebenen Möglichkeiten in einem Online-Artikel der Binance-Academy vorgestellt [1].

Man achte beispielsweise auf Verlust und Missmanagement von privaten Schlüsseln: Auch wenn bei einer 3-of-4 Multisignature einer der Schlüssel abhanden kommt oder von einem Angreifer entdeckt wird, so kann jener trotzdem keinen Einfluss auf das Guthaben ausüben, denn es benötigt zwei weitere Schlüssel. Trotz eines Verlustes oder Diebstahls von Geräten wie Laptops oder Smartphones wäre somit ein hinzukommender Diebstahl von Kryptowährungen nicht möglich und der Schaden begrenzt. Die Gefahr von solchen Diebstählen und der Vorteil bei der Nutzung dieser Technik sei dabei nicht zu unterschätzen, wenn berücksichtigt wird, dass Diebstähle von Kryptowährungen bereits vorgefallen sind, indem schlicht der geheime Schlüssel kompromittiert wurde[7]. Eine dezentrale Aufteilung von mehreren Schlüsseln würde so einen Diebstahl unterbinden.

Auf dieser Idee aufbauend lässt sich auch Two-Factor-Authentification ermöglichen. Dabei würden die zwei Schlüssel auf unterschiedlichen Geräten gespeichert werden und zur Bedingungen gelegt, dass beide Schlüssel zu einer Transaktion vorliegen müssen. Nur eine Person die auf beide Geräte Zugriff hat, könnte Transaktionen mit dem Guthaben erfolgreich durchführen, was im Grunde genommen der Idee von Two-Factor-Authentification entspricht.

Zu guter Letzt ermöglicht es den Einsatz von Escrow-Transaktionen. Man nehme an, zwei Personen würden über eine Verkaufsplattform einen Handel abwickeln wollen. Um sicher zu gehen, dass die eine Partei ihre Geld bekommt und die andere ihr Produkt, überweisen beide auf eine 2-of-3 Multisig-Wallet. Falls alles korrekt abläuft, können beide Parteien ihre Schlüssel einbringen, um die Bezahlung zu tätigen, wohingegen der Schlüssel des Verkäufers alleine nicht ausreicht, um sich das Geld zu sichern. Im Falle einer Streitigkeit könnte eine dritte unabhängige neutrale Partei ihren Schlüssel nutzen, um je nach Beurteilung des Falls entweder den Betrag dem Verkäufer bereitzustellen oder ihn dem Käufer zurückzugeben. Mit Hilfe von Multisignatures könnte also auch erfolgreich gegen Betrug und Scam vorgegangen werden. Escrow-Transaktionen weisen in einer Welt, in der Dezentralisierung eine immer

---

[7]Siehe folgenden Vorfall im Dezember 2021: `https://www.coindesk.com/tech/2021/12/06/bitmart-ceo-says-stolen-private-key-behind-196m-hack/`. Zuletzt aufgerufen am 30.06.2022.

größer werdende Rolle spielt, eine besondere Wichtigkeit auf. Nicht nur würde damit einer der Motivationen hinter Bitcoin - Dezentralisierung voranzutreiben und zentralen Autoritäten eine Alternative zu bieten - geholfen werden, sondern auch das Vertrauen der Nutzer in das System an sich würde sich damit stärken. Man könnte kaum davon sprechen, dass dieses Vertrauen ungebrochen sei oder keiner Stärkung bedarf und dass die Menschen Bitcoins nicht mit Betrug in Verbindung bringen würden: Alleine seit dem Beginn des Jahres 2021 wurden in den Vereinigten Staaten von mehr als 46.000 Menschen Betrügereien in Kryptowährungen gemeldet, welche zusammengerechnet mehr als eine Milliarde Dollar betrugen - Bitcoin stand dabei ganz vorne[8].

Pay-To-Contract

Die Eigenschaft der Linearität verschafft weitere Möglichkeiten. Dazu gehört Pay-To-Contract. Durch Pay-To-Contract wird der Weg geebnet, Skripts in einen öffentlichen Schlüssel mit einzusetzen, sodass diese nach z.B. gesetzten Bedingungen ausgeführt werden können. Die Idee dabei liegt darin, dass der eigentliche öffentliche Schlüssel durch das Zusetzen eines versteckten *Commits* modifiziert wird, eine Zugabe, die erst später aufgedeckt werden kann. Dieser Commit kann alles mögliche an Text beinhalten aber beispielsweise auch Skripts, die Verträge beinhalten können, welche wiederum vom Inhaber durch Offenlegung des eigentlichen öffentlichen Schlüssels ausgeführt werden [16].

Auf elliptischen Kurven beispielsweise wird der öffentliche Schlüssel mit dem Skript s konkateniert, dies dann gehasht und wie folgt bearbeitet:

$$P' \;=\; P + H(P||s) \cdot G$$

Analog dazu kann der Inhaber den entsprechenden privaten Schlüssel berechnen:

$$d' \;=\; d + H(P||s) \cdot G$$

Nur der Inhaber kann nun den modifizierten Schlüssel mithilfe des des eigentlichen Schlüssels und des beinhaltenden Skripts aufdecken und das Skript ausführen lassen. Wie bei Multisignature läuft auch dieses Verfahren privat ab, d.h. einem Außenstehenden würden im öffentlichen Schlüssel keine Besonderheiten auffallen.

Man stelle sich hierbei vor, dass ein Kunde den öffentlichen Schlüssel P benutzt, um den

---

[8]Siehe `https://www.ftc.gov/news-events/data-visualizations/data-spotlight/2022/06/reports-show-scammers-cashing-crypto-craze`. Zuletzt aufgerufen am 30.06.2022.

neuen Schlüssel P' zu generieren, bei dem er seinen Vertrag hinzugefügt hat. Der Kunde überweist den Betrag nun auf die Adresse P' und offenbart dem Händler s erst, wenn der Händler seinen Teil erfüllt hat. Tritt dieser Fall ein, kann der Händler nun mit Kenntnis von s und seinem eigentlichen öffentlichen Schlüssel P den Schlüssel P' freilegen, auf welches der Betrag überwiesen wurde und somit diesen erhalten. Die Anwendungsfälle begrenzen sich dabei nicht nur auf diese Methodik, sondern können in verschiedenen Arten auftreten[9].

Sign-To-Contract

Sign-To-Contract ist eine ähnliche Erweiterung wie Pay-To-Contract. Während bei jener aber der öffentliche Schlüssel modifiziert wurde, lässt sich diese durch eine Modifikation der Zufallsvariable k bilden. Dazu werden k und die Signaturvariable R insofern bearbeitet, dass ihnen ein Hash aus der Konkatenation von R und einem Commit hinzuaddiert wird [16]:

$$R' \;=\; R + H(R\|c)G$$
$$k' \;=\; k + H(R\|c)$$

Auch hier kann durch Offenlegen vom eigentlichen R der Commit gezeigt werden, wodurch wiederum Informationen, die in dem Commit enthalten waren, gesichert bewiesen werden. Dies ermöglicht ähnliche Funktionen wie bei Pay-To-Contract. Der Unterschied liegt jedoch im Speicherort des Commits: Während er bei Pay-To-Contract im öffentlichen Schlüssel verborgen wurde, so wird er hier in der Signatur versteckt[10]. Dies führt dazu, dass speziell das vorher genannte Beispiel nicht möglich wäre, da ein Außenstehender, also z.B. ein Kunde, keinen Commit setzen kann. Denn diese können zwar den öffentlichen Schlüssel einsehen und zur Erstellung eines Neuen benutzen, nicht jedoch die Variablen, die zur Herstellung der Signatur nötig sind.

Wert dieser Möglichkeiten

Insgesamt stellen diese Features im Bezug auf Effizienz, Nutzererfahrung und Sicherheit direkte Verbesserungen dar im Vergleich zum bloßen ECDSA-Signaturverfahren. Und all dies findet statt ohne zusätzliche Implementationen oder dem Einsatz modifizierter Varianten von ECDSA. Stattdessen ist dies alles auf Basis der Linearität innerhalb der Schnorr-Signaturen möglich und braucht keinen weiteren Überlegungen.

---

[9]Vergleiche hierzu `https://www.reddit.com/r/Bitcoin/comments/d3lffo/technical_paytocontract_and_signtocontract/`. Zuletzt aufgerufen am 01.07.2022
[10]Siehe Fußnote 9.

Nachteil

Multisignature ist anfällig für *rogue key attacks*[11]. Dabei handelt es sich um Angriffe, die schlicht die Subtraktion von zwei öffentlichen Schlüsseln ausnutzen. Man stelle sich vor ein an der Multisignature teilnehmender Angreifer zieht den öffentlichen Schlüssel eines anderen Teilnehmers von seinem eigenen ab:

$$P_2' = P_2 - P_1$$

Nun könnte er vorgeben, dies sei sein eigentlicher Schlüssel. Geht ein Teilnehmer unwissentlich darauf ein und stimmt einer gemeinsamen Signatur zu so würde die Rechnung den Schlüssel P_1 des Geschädigten abziehen:

$$P' = P_1 + (P_2 - P_1)$$

Folglich könnte ein Angreifer allein mit seiner Signatur eine Transaktion signieren. Behoben werden kann diese Gefahr, indem man zusätzliche Variablen und Hashwerte in die Berechnung einbringt [18]. Dieser Nachteil tritt jedoch nur beim Einsatz von Multisignature ein und Schnorr-Signaturen selbst an sich sind davon nicht betroffen.

2.2.2 Sicherheit und Geheimhaltung

Ein wesentlicher Unterschied zu dem von Bitcoin verwendeten ECDSA-Verfahren macht sich in der Sicherheit des Verfahrens erkenntlich. So wurde weder bei Elgamal, noch bei DSA und ECDSA eine vollständig beweisbare Sicherheit vorgeführt [15, Seite 475]. Stattdessen beruhen die bestehenden Beweise auf starken Annahmen [12], wohingegen beim Problem der Schnorr-Signaturen schon seit 1996 unter der Verwendung eines Zufallsorakels bewiesen wurde [20], dass sich dieses auf das Problem des diskreten Logarithmus reduzieren lässt und somit unter der Annahme, dass der diskrete Logarithmus nicht zu brechen sei, die Schnorr-Signaturen ebenfalls dieselbe Sicherheit erreichen würden. Beim Zufallsorakel handelt es sich um die Idee einer Hashfunktion, die für jede Nachricht einen einmaligen rein zufälligen Hashwert zurückgibt und sich dieser für die selbige Nachricht auch nicht ändert [20, Seite 3-4]. Es wäre sozusagen der Optimalfall, den man sich wünschen könnte, da reale in Anwendung befindliche Hashfunktionen solch eine Perfektion im Hinblick auf die in Abschnitt 1.2.2 erwähnten Eigenschaften wie Kollisionssicherheit nicht liefern können. Der Beweis läuft also unter der Annahme, dass eine solche Hashfunktion beim Schnorr-Verfahren zum Einsatz kommen würde.

Später wurde aber auch ohne diese Reduzierbarkeit bewiesen, dass Schnorr-Signaturen beweisbar sicher sind [22]. In dieser Hinsicht ist Schnorr ECDSA klar vorzuziehen.

2.2.3 Formbarkeit

Formbarkeit ist eine weitere Beeinträchtigung, die es bei Signaturen zu berücksichtigen gilt. Bei Formbarkeit (zu engl. *malleability*) geht es darum, dass ein Angreifer mithilfe einer Nachricht, der zugehörigen Signatur und dem öffentlichen Schlüssel des Absenders eine neue modifizierte Signatur erstellen kann, die als gültige Signatur zur selben - oder einer modifizierten - Nachricht dienen kann, jedoch nicht mehr der ursprünglichen vom Absender entspricht [19, Seite 6]. Was hier auffällt, ist dass der Sender seine eigene Signatur nicht mehr unbedingt erkennen und zuordnen kann, da die Signatur nun eine andere ist. Auf den ersten Blick vielleicht scheint dies keine Gefahr darzustellen, die Nachricht wird ja trotzdem empfangen und verifiziert werden, könnte man meinen.

Im Kontext eines Netzwerkes wie Bitcoin, in dem Transaktionsnachrichten gesendet werden, hat dies hingegen folgenschwere Konsequenzen. Dazu muss vorerst verstanden werden, dass jede Transaktion, wie zu erwarten, ihren eigenen Hashwert hat. Ansonsten könnte man sie ja kaum zuordnen. Der Trick ist hier nun, dass ein Angreifer die Signatur ändern und somit den Hashwert beeinflussen kann. Während die Signatur gültig bleibt, ist die Transaktionsnachricht aufgrund des abgewandelten Hashwertes für den Absender nicht mehr auffindbar[11]. Ein Eingriff auf die Transaktionsnachricht ist im Bitcoin-Netzwerk bis zur Bestätigung der Transaktion möglich. Mit Bestätigung sei hier als Erklärung ausreichend, dass damit die Validierung der Transaktion seitens der Betreiber der Blockchain gemeint ist. Doch bis diese Bestätigung stattfindet, spielt die Schattenseite der malleability in die Hände der Angreifer: ECDSA-Signaturen sind nämlich anfällig für Formbarkeit. Die Signaturen lassen sich ändern, während sie trotzdem valide bleiben. Zwar waren eine lange Zeit über nicht nur die Signaturen selbst Ursachen für malleability, sondern auch einige andere Faktoren im Zusammenhang mit Skripten[12], jedoch wäre trotz einer Behebung jener Faktoren das Problem der Formbarkeit immer noch ECDSA eigen und ließe sich alleinstehend bereits als Gefahr für das System einordnen. Um die darunterliegende Bedrohung einmal beispielhaft zu verbildlichen, kann ein Empfänger also die Signatur einer erwarteten Transaktion vor ihrer Bestätigung verändern. Er selbst erhält diese Transaktion und den Betrag jedoch. Aus der Perspektive des Absenders ist

---

[11]Siehe `https://academy.bit2me.com/en/what-is-the-malleability-of-a-transaction/`. Zuletzt aufgerufen am 26.06.2022.

[12]Siehe `https://github.com/sipa/bips/blob/bip-taproot/bip-0062.mediawiki`. Zuletzt aufgerufen am 26.06.2022.

diese aber nicht mehr auffindbar, als hätte sie nie stattgefunden. Wenn der Empfänger dem Absender nun meldet, dass er den Betrag nicht erhalten hat, besteht die Wahrscheinlichkeit, dass dieser in seiner Naivität oder Unfähigkeit, die Ursache für das Problem zu entdecken, tatsächlich den Betrag nochmal übersendet. Falls die Wallet zusätzlich nicht von einer Person, sondern automatisiert betrieben wird, würde dem System wohl kaum ein Problem auffallen und vorausgesetzt der Automatisierung wurden keine Grenzen bei solchen verdächtigen Ereignissen einprogrammiert, könnte der Betrug beliebig oft wiederholt werden, während bis zu einer menschlichen Überprüfung kaum einem etwas auffallen würde.

Diese Gefahr ist nicht überdramatisiert. Tatsächlich wurden einige der frühen und bekannten Betrugsversuche in dieser Manier über die Bühne gebracht: Darunter zählt der unter dem Namen *Mt.Gox-Hack* bekannt gewordene Vorfall. Im Zeitraum von 2011 bis 2014 nutzten Hacker die Methode, um sich in aller Gelassenheit durch einen unbefugten Zugriff auf die Handelsplattform *Mt.Gox* 850.000 Bitcoins überweisen zu lassen[13]. Dies entspricht einem heutigen Gegenwert von ungefähr 20 Milliarden Euro[14] und schadete einer Unmenge an Nutzern. Nicht nur wurde in der Folge die Börse lahmgelegt, sondern auch der Bitcoin-Preis stürzte im Zeitraum der sich überschlagenden Ereignisse um 36% ab.

Das Problem wurde von Bitcoin-Entwicklern bereits in mehreren BIPs wie BIP 62[15] und BIP 146[16] angesprochen und die Lösung des BIP 141[17] und als *Segregated Witness* bekannten Upgrades (kurz: SegWit) bestand darin, die Signatur nicht mehr in die Berechnung des Hashwertes einfließen zu lassen. Außerdem hatte man durch eine Netzwerk-Regel, an die sich alle Beteiligten halten müssen, festgesetzt, dass im Falle von zwei Signaturen nur eine akzeptiert wird. So versucht man einem Angriff, der eine weitere modifizierte Signatur verwendet, auszuweichen [24].

Trotz dessen ist festzustellen: Die durch Formbarkeit angebotene Angriffsfläche und der dadurch real angerichtete Schaden, so wie mehrere Versuche seitens von Entwicklern, das Problem zu beheben, betonen insgesamt das Risiko in der Nutzung von ECDSA-Signaturen.

Schnorr-Signaturen sind diesem Risiko hingegen nicht ausgesetzt. Bei den in Abschnitt 2.2.2 erwähnten Beweisen wurde konkret auch festgestellt, dass für das Verfahren die Eigenschaft *strongly unforgeable under chosen message attack* [24] bewiesen werden kann. Aus

---

[13]Siehe https://anycoindirect.eu/de/blog/was-ist-mt.-gox-wie-850.000-bitcoins-gestohlen-wurden. Zuletzt aufgerufen am 26.06.2022.

[14]Stand: 26.06.2022

[15]Siehe Fußnote 12.

[16]Siehe https://github.com/sipa/bips/blob/bip-taproot/bip-0146.mediawiki. Zuletzt aufgerufen am 26.06.2022.

[17]Siehe https://github.com/bitcoin/bips/blob/master/bip-0141.mediawiki Zuletzt aufgerufen am 26.06.2022.

dieser Sicherheit gegen Chosen-Message-Attacks lässt sich ableiten, dass es nicht möglich das Konzept der Formbarkeit auf Schnorr-Signaturen anzuwenden, hingegen erfüllen sie *Non-malleability* und die Signaturen lassen sich nicht wie bei ECDSA modifizieren. Im Hinblick auf die dargestellten Gefahren und Risiken, die malleability in sich birgt, bieten sich Schnorr-Signaturen im Vergleich zu ECDSA also als enorm vorteilhaft an.

2.2.4 EdDSA

Es wurde bereits erwähnt, dass Schnorr-Signaturen auch in Verbindung mit elliptischen Kurven funktionieren. Doch elliptische Kurven können in verschiedenen Formen auftauchen. Die in Abschnitt 1.2.3 vorgestellte elliptische Kurve beispielsweise entspricht der Weierstraß-Form, was sich daran kennzeichnet, dass sie auf der grundlegenden Weierstraß-Gleichung $y^2 = x^2 + a \cdot x + b$ über einem Körper basiert. Neben dieser gibt es aber auch die jüngere Familie der Edwards-Kurven, veröffentlicht von Harold Edwards im Jahre 2007. Eine spezielle Version davon nennt sich *Twisted-Edward-Curves* und auf genau diesen operiert der als eine Variante von Schnorr-Signaturen entwickelte *Edwards-curve Digital Signature Algorithm*, kurz EdDSA.

Im Bezug auf ihre Gleichung unterscheiden sich Edwards Kurven von Weierstraß wie folgt [4, Seite 2]:

$$x^2 + y^2 \; = \; 1 + d \cdot x^2 \cdot y^2$$

Wohingegen sich Twisted-Edward-Curves durch eine quadratische Verdrehung, also einem *Twist*, bearbeitet sind, kennzeichnend durch ein Element $a \neq 0$ aus dem Körper [4, Seite 3]:

$$a \cdot x^2 + y^2 \; = \; 1 + d \cdot x^2 \cdot y^2$$

Ein ersichtlicher Vorteil dabei ist, dass auf Twisted-Edward-Curves die essentiellen Operationen wie Addition und Verdopplung viel schneller ablaufen [4, Seite 14].

Aufbauend darauf weist EdDSA eine Reihe von Vorzügen auf. Darunter zählen z.B. weniger Speicherverbrauch durch kleinere Schlüssel. Diese werden dazu auch noch schneller generiert - ebenso lassen sich das Verifizieren und das Signieren viel schneller durchführen. Wenn darüber hinaus auf Sicherheit geachtet wird, so bringen EdDSA-Signaturen nicht nur einen hohen Sicherheitsgrad mit sich, es ist bei ihnen auch auszuschließen, dass Kollisionen durch gleiche Hashwerte zu einem Problem führen könnten [5, Seite 2]. Unter Berücksichtigung des Speicherverbrauchs, der Schnelligkeit und der Sicherheit, wird der vorteilhafte Nutzen von

Schnorr-Signaturen nochmals erkenntlich, in diesem Falle aber natürlich in Kombination mit jener speziellen Form von elliptischen Kurven.

2.3 Auffälligkeiten bei jüngeren Kryptowährungen

Bei einem Blick auf die Signaturverfahren von bekannten Kryptowährungen, die nach Bitcoin erschienen sind, lässt sich feststellen, dass auch diese größtenteils ECDSA benutzen[18]. Jedoch gibt es auch einige - nach Marktkapitalisierung weit vorn stehende - Kryptowährungen wie *Stellar* (2014), *Monero* (2014), *NEM* (2015) und *Cardano* (2015), welche hingegen auf EdDSA zurückgreifen und somit auch von den Vorteilen der Schnorr-Signaturen profitieren können. Daneben gibt es auch Coins wie *Polkadot* (2020), welche sowohl ECDSA als auch EdDSA und Schnorr-Signaturen benutzen. Die Tatsache, dass all diese Coins schnellerer als Bitcoin arbeiten, viel günstigere Transaktionsgebühren anbieten und teilweise mehr Transaktionen am Tag leisten, untermauert diese Vorteile nochmals.

---

[18]Siehe folgende Übersicht `http://ethanfast.com/top-crypto.html`. Zuletzt aufgerufen am 26.06.2022.

Kapitel 3

Code

3.1 Anmerkungen

Um die Implementierung und Funktionalität von Schnorr zu demonstrieren, wird im Folgenden eine beispielhafte Programmierung des Algorithmus vorgestellt. Dabei werden zuerst Anmerkungen zum Programm erläutert und dann auf die Ergebnisse eingegangen. Als Programmiersprache wird Java genutzt.

Die in Schnorr benötigten Parameter wie p, q und g oder der private und öffentliche Schlüssel sowie weitere zu berechnende Variablen lassen sich am effizientesten als `BigInteger` darstellen. Diese eröffnen nicht nur einen extrem großen Zahlenraum, sie lassen sich durch die von der Klasse bereitgestellten Methode `.toByteArray()` auch schnell in Bytes umwandeln, was gerade bei der Berechnung von Hash-Werten notwendig ist.

Die Hashwerte lassen sich durch die von Java bereitgestellte Klasse `MessageDigest` berechnen. Diese bietet kryptographische Hashfunktionen wie *SHA-1*, *SHA-256* oder auch *MD5* an. Es bedarf hierbei also keiner eigenen Implementierung einer solchen Hashfunktion.

3.2 Ergebnisse

Vorgehensweise

Bei der Funktionalität des grundlegenden Signierens und Verifizierens wird sich an den vorher erwähnten Vorgaben orientiert[1]. Zuerst seien die Parameter p, q und g ihren Vorgaben entsprechend zu bestimmen: p und q sind Primzahlen und für q ist zu beachten, dass $2 \cdot q = p - 1$ gelten muss. g ist so wie der private Schlüssel x eine Zahl innerhalb von q. Wie in Code-Ausschnitt 1 zu erkennen, kann nun der private Schlüssel x durch Zufall generiert und auf-

---

[1] Siehe [15, Seite 480].

bauend darauf auch der öffentliche Schlüssel $y = g^x$ bestimmt werden. Hilfreich sind hierbei Methoden wie `.modPow` und weitere arithmetische Operationen wie `.add`, mit welchen sich `BigInteger`-Objekte bearbeiten lassen. Auf dieselbe Weise werden die Zufallsvariable k, ebenfalls innerhalb von q, und die Variable $r = g^k$ mod p bestimmt. Als nächstes werden r und die zu signierende Nachricht konkateniert, wie in Ausschnitt 2 dargestellt. Dies findet durch eine simple Methode statt, welche die Bytes der zwei Werte annimmt und zusammenfügt. Der ausgewählte Hash-Algorithmus hasht die Konkatenation und der in Bytes zurückgegebene Hash $H(m||r)$ kann wieder in Integer-Form gesetzt werden, wobei es auf das korrekte Vorzeichen zu achten gilt. Nach der dabei entstehenden Variable c fehlt nur noch die Berechnung von $s = k - x \cdot c$ mod q, sodass das Signaturpaar (s, c) angefertigt wurde. Dieses kann beispielsweise zusammen mit der zugehörigen Nachricht verschickt werden.

Ein Empfänger, welcher den öffentlichen Schlüssel y des Absenders und den Generator g kennt, kann anhand der Nachricht und der Signatur mit dem Verifizieren beginnen. Dazu berechnet er $v = g^s \cdot y^c$ mod p und ähnlich wie vorher den Hash $H(m||v)$, zu erkennen in den Code-Ausschnitten 4-5. Schlussendlich muss dieser Hash wieder in eine Zahl konvertiert und lediglich überprüft werden, ob diese mit dem c aus dem Signaturpaar übereinstimmt. Ist dies der Fall, war die Verifikation erfolgreich und die Signatur legitim.

Einfachheit und Verständlichkeit

Es ist festzustellen, dass neben einer simplen Methode zur Konkatenation und einem Hash-Algorithmus, wovon viele in den gängigen Programmiersprachen bereits vorgegeben sind, keine weiteren zusätzlichen Implementierungen für dieses Verfahren benötigt sind. Dies lässt sich bei der Arbeit mit elliptischen Kurven nicht sagen und noch weniger bei den anderen Verfahren, die erst mit mehreren Modifikationen heutzutage noch eine Rolle spielen.

Ein weiterer direkt auffallender Aspekt ist die nachvollziehbare Implementierung des Codes. Abgesehen von der Konvertierung in Bytes und dem korrekten Verwalten von Hashwerten, ist der Rest des Signaturverfahrens lediglich mit dem Wissen über das Verfahren selbst durchaus in Code-Form zu bewältigen. Hier ist ein direkter Vorteil gegenüber dem ECDSA-Verfahren zu erkennen, für dessen Verständnis man sich vorher mit den komplexen Eigenheiten von elliptischer Kurven-Kryptographie befassen muss.

Anschließend wird mit dem zur Arbeit einhergehenden Code-Projekt dargelegt, wie sich auf Basis des Signierens und Verifizierens das Konstrukt für ein Transaktionsnetzwerk legen lässt, in dem man Überweisungen mit dem privaten Schlüssel - oder eben einem falschen Schlüssel - tätigen kann und das Netzwerk diese auf Legitimität prüft und verifiziert.

Kapitel 4

Fazit

Es wurde klar ersichtlich, warum Nakamoto bei der Entwicklung Bitcoins sich für den Einsatz von elliptischer Kurven-Kryptographie entschied. Die viel kleineren Schlüssellängen trotz gleich bleibender Sicherheit waren ein definitives Kriterium, welche ECDSA im Gegensatz zu anderen Verfahren im besseren Licht erscheinen lassen. Die Wichtigkeit dieses Kriteriums offenbarte sich in unseren Untersuchungen zu den gefährlichen Folgen großer Datenmengen auf das Netzwerk. Es wurde gezeigt, dass Transaktionsnachrichten so gering wie möglich gehalten werden müssen, damit das Maximum an Transaktionen am Tag ausgeschöpft werden kann. RSA verschaffte sich aufgrund seines Speicherverbrauchs hier einen Nachteil. Während DSA und Elgamal mit dem selben Problem zu kämpfen haben, wurde bei den Beobachtungen zu Elgamal festgestellt, dass die Signaturen unnötigerweise zu groß sind und somit ebenfalls zu dem erwähnten Nachteil beitragen. Hier kommt noch hinzu, dass Elgamal aufgrund seiner zeitintensiven Berechnungen die Geschwindigkeit des Netzwerks erniedrigen würde. Was also Speicher und Schnelligkeit angeht, so lässt sich ECDSA nichts nachsagen.

Das Blatt wendet sich jedoch beim Vergleich mit dem Verfahren von Schnorr, welches sich in einigen Aspekten über ECDSA hinausragt. Das Aushängeschild hierbei sind besondere Funktionen wie das gemeinsame Signieren von Transaktionen oder das Hinzufügen von Skripten bei Transaktionsabwicklungen, beides vorteilhafte Tools für bestimmte Anwendungseinsätze. Zudem sind Schnorr-Signaturen beweisbar sicher und nicht anfällig für malleability von Signaturen - ganz anders als bei ECDSA. Unter den beleuchteten realen Gefahren hat auch dieses Kriterium eine hohe Relevanz. Beim Genießen dieser Vorteile ist jedoch Vorsicht geboten, denn wie gezeigt wurde, bergen sich hier Probleme, die auf den ersten Blick nicht zu erkennen sein mögen. Auch wurde anhand der Implementierung von Schnorr auf praktische Weise geschildert, wie es im Bezug auf Einfachheit

Unter Berücksichtigung der vorangegangenen Ergebnisse lässt sich die Fragestellung dieser Arbeit wie folgt beantworten: Im Vergleich zu Konkurrenten war die Entscheidung für

ECDSA zu seiner Zeit aufgrund der Vorsprünge in puncto Speicher und Geschwindigkeit als Signaturverfahren ein angemessener Beschluss. Die Entscheidung für Schnorr-Signaturen von Anfang an wäre jedoch zweckmäßiger gewesen, da man Gefahren aus dem Weg geräumt und Besonderheiten eingebracht hätte. Dies ist in der Hinsicht zu entschuldigen, dass das Patent für Schnorr-Signaturen lediglich einige Monate vor der Veröffentlichung Bitcoins abgelaufen ist. Da sich während des Patents keiner mit Schnorr-Signaturen befasst hat und nach so einer kurzen Zeit kaum vereinheitliche Vorgaben zur Implementierung finden ließen, ist die Entscheidung der Entwickler für das weitverbreitete und in Anwendung befindliche ECDSA-Verfahren durchaus verständlich.

Anhang

Die nachfolgenden Code-Ausschnitte wurden der Übersicht halber angepasst.

Listing 1: Berechnung des privaten Schlüssels x und des öffentlichen Schlüssels y.

```
int wertInQ = (int) (Math.random()*(q.intValue()-1));
BigInteger x = BigInteger.valueOf(wertInQ);
BigInteger y = g.modPow(x, p);
```

Listing 2: Konketanion sowie Hashing von Nachricht und Variable r.

```
byte[] nUndRBytes = konkateniere(nachrichtBytes, r.toByteArray());
byte[] hashVonNR = m.digest(nachrichtUndRBytes);
```

Listing 3: Berechnung des Signaturpaars (s,c).

```
BigInteger c = new BigInteger(konkateniere(nullByte, hashVonNR));
BigInteger s = k.subtract(x.multiply(c)).mod(q);
```

Listing 4: Berechnung der Variable v.

```
BigInteger gs = g.modPow(s, p);
BigInteger yc = y.modPow(c, p);
BigInteger v = (gs.multiply(yc)).mod(p);
```

Listing 5: Konkatenation sowie Hashing von Nachricht und Variable v.

```
byte[] nUndVBytes = konkateniere(nachrichtBytes, v.toByteArray());
byte[] hashVonNV = m.digest(nachrichtUndVBytes);
```

Listing 6: Konvertierung zum Integer und Überprüfung.

```
BigInteger c2 = new BigInteger(konkateniere(nullByte, hashVonNV));
if(c.equals(c2)){...}
```

Quellenverzeichnis

[1] Binance Academy. What Is a Multisig Wallet? `https://academy.binance.com/en/articles/what-is-a-multisig-wallet`, Dezember 2018. Online; zuletzt aufgerufen am 29.06.2022.

[2] A. Antonopoulos. *Mastering Bitcoin*. O'Reilly Media, 2014.

[3] E. Barker. *Recommendation for Key Management: Part 1 – General*. National Institute of Standards and Technology, May 2020. NIST Special Publication 800-57 Part 1 Revision 5.

[4] D. Bernstein, P. Birkner, M. Joye, T. Lange, and C. Peters. Twisted Edwards Curves. In S. Vaudenay, editor, *Progress in Cryptology – AFRICACRYPT 2008*, pages 389–405, Berlin, Heidelberg, 2008. Springer Berlin Heidelberg.

[5] D. Bernstein, N. Duif, T. Lange, P. Schwabe, and B. Yang. High-Speed High-Security Signatures. In B. Preneel and T. Takagi, editors, *Cryptographic Hardware and Embedded Systems – CHES 2011*, pages 124–142, Berlin, Heidelberg, 2011. Springer Berlin Heidelberg.

[6] A. Bertsch. *Digitale Signaturen*. Xpert.press. Springer-Verlag, 2002.

[7] I. Blake, G. Seroussi, and N. Smart. *Advances in Elliptic Curve Cryptography*. London Mathematical Society Lecture Note Series. 317. Cambridge University Press, 2005.

[8] D. Boneh. Elgamal Digital Signature Scheme. In H. C. A. van Tilborg and S. Jajodia, editors, *Encyclopedia of Cryptography and Security*, chapter ElGamal Digital Signature Scheme, pages 395–396. Springer Science+Business Media, 2011.

[9] B. Brumley and N. Tuveri. Remote Timing Attacks Are Still Practical. In V. Atluri and C. Diaz, editors, *Computer Security – ESORICS 2011*, pages 355–371, Berlin, Heidelberg, 2011. Springer Berlin Heidelberg.

[10] F5 DevCentral. Elliptic Curve Cryptography Overview. `https://youtu.be/dCvB-mhkT0w`, October 2015. Online; zuletzt aufgerufen am 11.06.2022.

[11] M. Drijvers, K. Edalatnejad, B. Ford, E. Kiltz, J. Loss, G. Neven, and I. Stepanovs. On the Security of Two-Round Multi-Signatures. In *2019 IEEE Symposium on Security and Privacy (SP)*, pages 1084–1101, 2019.

[12] M. Fersch. *The provable security of elgamal-type signature schemes.* doctoral thesis, Ruhr-Universität Bochum, Universitätsbibliothek, 2018.

[13] D. Hankerson, A. Menezes, and S. Vanstone. *Guide to Elliptic Curve Cryptography.* Springer-Verlag New York, 2004.

[14] A. Judmayer, N. Stifter, K. Krombholz, and E. Weippl. *Blocks and Chains: Introduction to Bitcoin, Cryptocurrencies, and Their Consensus Mechanisms.* Synthesis Lectures on Information Security, Privacy and Trust. Morgan and Claypool Publishers, 2017.

[15] J. Katz and Y. Lindell. *Introduction to Modern Cryptography.* CRC Press, 2021.

[16] Chaincode Labs. Introduction to Schnorr Signatures with Elichai Turkel. `https://youtu.be/XKatSGCZ-gE`, August 2019. Online; zuletzt aufgerufen am 15.06.2022. Folien verfügbar unter `https://residency.chaincode.com/presentations/Schnorr_Signatures.pdf`.

[17] S. Nakamoto. Bitcoin: A Peer-to-Peer Electronic Cash System. `https://bitcoin.org/bitcoin.pdf`, 2008. Online; Zuletzt aufgerufen am 29.06.2022.

[18] Bitcoin Optech. Introduction to Musig - Bitcoin Optech Taproot and Schnorr Workshop (1.2). `https://youtu.be/5MbTptrXEC4`, October 2019. Online; zuletzt aufgerufen am 04.07.2022.

[19] A. Ouyang, J. Elbahrawy, J. Lovejoy, and J. Perez. Analysis of Bitcoin Improvement Proposal 340 - Schnorr Signatures, May 2020.

[20] D. Pointcheval and J. Stern. Security Proofs for Signature Schemes. In U. Maurer, editor, *Advances in Cryptology – Proceedings of EUROCRYPT '96*, page 387–.398. Springer-Verlag, 1996.

[21] J. Rothe. *Komplexitätstheorie und Kryptologie. Eine Einführung in Kryptokomplexität.* eXamen.Press. Springer-Verlag, 2008.

[22] Y. Seurin. On the Exact Security of Schnorr-Type Signatures in the Random Oracle Model. In D. Pointcheval and T. Johansson, editors, *Advances in Cryptology – EUROCRYPT 2012*, pages 554–571, Berlin, Heidelberg, 2012. Springer Berlin Heidelberg.

[23] Bitcoin Wiki. Maximum transaction rate. `https://en.bitcoin.it/wiki/Maximum_transaction_rate`. Online; zuletzt aufgerufen am 24.06.2022.

[24] P. Wuille, J. Nick, and T. Ruffing. Schnorr Signatures for secp256k1. `https://github.com/bitcoin/bips/blob/master/bip-0340.mediawiki`. Bitcoin Improvement Proposal: 340. Online; Zuletzt aufgerufen am 29.06.2022.